TDAH AUTOAYUDA ESTRATEGIAS PARA MUJERES MAYORES

CONSEJOS PARA AYUDAR A CONTROLAR SU TDAH SIENDO MUJER MAYOR

STELLA O. MAURICE

TABLA DE CONTENIDO

INTRODUCCIÓN

Tenía 53 años cuando mi consultor me informó que tengo TDAH. Nunca supe de esta afección, sin embargo, me sentí mejor al saber que era algo que podía soportar. Antes de descubrir mi condición, había luchado contra la falta de precaución, la ansiedad y problemas de concentración y asociación. Estaba continuamente retrasado y luchaba por mantenerme concentrado.

Mi TDAH es esencial para mí. está en mi sangre y se comunica en cada parte de mi vida. Con prescripción y práctica, he tomado medidas extraordinarias para controlar mis síntomas. Ahora estoy convencida de que mi TDAH puede haber contribuido a mis batallas en el pasado, pero no del todo definitivo para continuar con una vida feliz y útil como una mujer mayor con TDAH.

Mi TDAH me ha impulsado a lograr cosas más importantes que nunca pensé que podría lograr y mi

TDAH me impulsó a escribir este libro para compartir mis batallas y cómo he vivido con ellas.

Los adultos con trastorno por déficit de atención con hiperactividad (TDAH), antes conocido como TDA, pueden enfrentar dificultades en todas las facetas de la vida, desde mantenerse organizados en casa hasta alcanzar su máximo potencial en el trabajo. Puede ser difícil para su salud y para sus relaciones en el trabajo y en el hogar. Sus síntomas pueden provocar procrastinación extrema, dificultad para cumplir con los plazos y comportamiento impulsivo. También podrías pensar que tus seres queridos no saben por lo que estás pasando.

Afortunadamente, puedes aprender habilidades que te ayudarán a controlar los síntomas del TDAH. Puede desarrollar estrategias que le permitan trabajar de forma más eficaz, organizarse más e interactuar con los demás de forma más eficaz. También puedes aprender a reconocer y aprovechar tus fortalezas. Sin embargo, el cambio no se producirá de la noche a la mañana. Se requiere práctica, paciencia y, quizás lo más importante, una actitud positiva para estas estrategias de autoayuda para el TDAH.

CAPÍTULO UNO

¿QUÉ ES EL TDAH?

El TDAH, trastorno por déficit de atención con hiperactividad, también llamado trastorno por déficit de atención (TDA), es una afección grave que incluye impulsividad, hiperactividad y dificultad para prestar atención. Las personas con trastorno por déficit de atención con hiperactividad (TDAH) se comportan de manera diferente. Las personas con TDAH pueden presentar agitación, dificultad para concentrarse y comportamiento impulsivo.

El TDAH puede comenzar desde la niñez y durar hasta la edad adulta. Podría ser un factor de baja autoestima, relaciones difíciles y dificultades en el trabajo o la escuela. La mayoría de los casos se dan en niños de entre 3 y 7 años, aunque puede descubrirse más tarde.

A veces, las personas con TDAH no saben que lo tienen cuando son jóvenes, por lo que sólo descubren que lo tienen cuando son mayores. Aunque muchos adultos a los que se les diagnosticó TDAH a una edad temprana continúan experimentando dificultades, la afección suele mejorar con la edad.

Las personas con TDAH también pueden presentar problemas adicionales, como trastornos del sueño y de ansiedad.

Tipos de TDAH

Los tres tipos más comunes de TDAH son:

1. TDAH desatento y distraído: La falta de atención y la distracción son las características principales de este tipo de TDAH. Personas que frecuentemente exhiben un comportamiento de falta de atención:

• Los detalles perdidos con frecuencia se distraen fácilmente,

• Aburrirse rápidamente,

• Tiene problemas para concentrarse en una sola tarea,

• Tienen problemas para organizar sus pensamientos y aprender nueva información.

• Perder lápices, papeles u otros elementos necesarios para completar una tarea,

• Parece estar soñando despierto en lugar de escuchar,

• Moverse lentamente y procesar información más lentamente y con menor precisión que otros.

• Tener dificultad para seguir instrucciones.

El TDAH de tipo desatento afecta más a las niñas que a los niños.

2. TDAH hiperactivo/impulsivo. Este tipo de TDAH, que es el menos común, se caracteriza por un comportamiento impulsivo e hiperactivo sin falta de atención ni capacidad de distracción. Individuos frecuentemente impulsivos o hiperactivos:

• Retorcerse, inquietarse o sentirse inquieto;

• Tiene problemas para quedarse quieto;

• Habla constantemente;

• Tocar y jugar con objetos, incluso cuando no sean apropiados para la tarea en cuestión;

• Tienen problemas para participar en actividades tranquilas;

• Están siempre "en movimiento";

• Están impacientes;

• Actuar fuera de turno y no pensar en las consecuencias de sus acciones;

• Dejar escapar respuestas y comentarios que sean inapropiados.

3. TDAH, tipo combinado: Además de la falta de atención y la distracción, esta, la forma más frecuente de TDAH, se caracteriza por conductas impulsivas e hiperactivas. Si tienes síntomas que no sólo se relacionan con la falta de atención o la hiperactividad-impulsividad, tienes el tipo combinado. En cambio, los síntomas de ambas categorías se muestran combinados.

La mayoría de las personas, tengan o no TDAH, exhiben algún grado de comportamiento impulsivo o intencional. Sin embargo, es más grave en quienes padecen TDAH. El comportamiento es más frecuente y afecta su capacidad para funcionar en el hogar, en el trabajo y en entornos sociales.

Adultos con TDAH

El TDAH puede continuar hasta la edad adulta. Aunque no hayan sido diagnosticados, algunos adultos tienen TDAH. Los síntomas pueden dificultar el mantenimiento de relaciones, trabajo o ambos. A edades más avanzadas, los síntomas pueden aparecer de forma diferente, como inquietud extrema o hiperactividad. Cuando las responsabilidades de los adultos se vuelven más exigentes, los síntomas pueden volverse más graves.

TDAH EN MUJERES

Las mujeres que sufren de trastorno por déficit de atención con hiperactividad (TDAH) con frecuencia no son diagnosticadas. Esta brecha en el diagnóstico se puede atribuir en parte al hecho de que alguna vez se pensó que esta afección afectaba principalmente a los hombres, pero también al hecho de que las mujeres suelen presentar síntomas que son menos obvios o perjudiciales para las interacciones sociales que los hombres.

Debido a que las mujeres y las niñas suelen presentar síntomas distintos de los de los hombres y los niños, el TDAH con frecuencia se diagnostica erróneamente. Hay tres tipos de TDAH: falta de atención, impulsividad o una combinación de ambos.

Los hombres y los niños tienen más probabilidades de tener TDAH hiperactivo/impulsivo, lo que puede volverlos inquietos, en constante movimiento, perturbadores, inquietos, habladores, impulsivos, impacientes y de mal humor.

Las mujeres, por otro lado, suelen exhibir TDAH sin atención, lo que dificulta concentrarse, prestar atención a detalles, mantener la organización, escuchar y recordar información.

Las niñas con TDAH suelen tener rasgos de personalidad en lugar de síntomas de la enfermedad. Una chica podría ser descrita como distraída, olvidadiza o habladora, por ejemplo. Una mujer puede buscar tratamiento para sus síntomas en una etapa posterior de su vida, sólo para recibir un diagnóstico de depresión o ansiedad.

Los maestros y los padres pueden pasar por alto a las niñas con TDAH porque también pueden concentrarse demasiado en cosas que les interesan. La mayoría de las mujeres con TDAH reciben un diagnóstico preciso entre los 30 y los 40 años.

Las mujeres con TDAH con frecuencia experimentan problemas concurrentes como comer en exceso compulsivamente, falta crónica de sueño o consumo excesivo de alcohol.

CAPITULO DOS

SÍNTOMAS DEL TDAH EN LAS MUJERES.

Aunque las mujeres tienden a ser diagnosticadas con TDAH más tarde que los hombres, en general se acepta que el TDAH es más prevalente en los hombres. A diferencia de la impulsividad y la hiperactividad, las mujeres y las niñas suelen presentar más síntomas de falta de atención. Además, es más probable que presenten síntomas internos que externos. Las niñas frecuentemente pueden desarrollar mecanismos de afrontamiento que enmascaran sus síntomas de TDAH, particularmente cuando son más jóvenes. Esto se debe a que los síntomas de las niñas son menos perturbadores y no se ajustan al estereotipo del TDAH. En lugar de ser diagnosticados con precisión con TDAH, con frecuencia se les diagnostican otras afecciones, como ansiedad o depresión (ambas son afecciones concurrentes frecuentes en niñas y mujeres con TDAH).

En entornos educativos estructurados como la escuela secundaria, la facultad o la universidad, los síntomas de falta de atención pueden volverse más evidentes en las mujeres con TDAH que no fueron diagnosticadas hasta más adelante en sus vidas. En estos entornos, puede resultar más difícil atenerse a los mecanismos de afrontamiento utilizados para afrontar los síntomas en los grados más jóvenes.

Las mujeres con TDAH suelen presentar síntomas internalizados y de falta de atención. Algunos de los síntomas incluyen:

• Problemas para concentrarse en tareas largas o participar en actividades que requieren un esfuerzo mental sostenido (como preparar informes, completar formularios, revisar artículos extensos, etc.) y cometer errores "descuidados"

• Extraviar con frecuencia artículos comunes como llaves, billeteras, teléfonos, etc.

• Problemas para hacer planes que sean realistas y manejables.

• Problemas para tomar decisiones

• Procrastinar o hacer cosas en el último minuto

• Dificultad para regular las emociones, especialmente cuando está estresado.

Síntomas hiperactivos/impulsivos son menos comunes que los distraídos. Olvidos en actividades diarias como pagar facturas, cumplir plazos, acudir a citas programadas o devolver llamadas. Cuando estos síntomas persisten, con frecuencia se vuelven más "internos". Las mujeres adultas pueden presentar los siguientes síntomas hiperactivos/impulsivos:

• Tener problemas para permanecer quieto o Inquieto (inquietud, golpeteo con las manos o los pies, retorcerse en el asiento, levantarse, etc.)

• Habla excesiva o dificultad para mantener silencio durante las actividades de ocio;

• Responder preguntas antes de que terminen; interferir o molestar a otros;

• Tener dificultades para esperar turnos o hacer cola, entre otras cosas.

Las mujeres con TDAH pueden tener más probabilidades que las mujeres sin TDAH de:

• Sienten que no tienen control sobre las cosas;

• Tienen problemas para compatibilizar el trabajo y la vida familiar;

• Experimenta síntomas físicos como dolores de cabeza, dolores de estómago y/o dificultad para dormir;

• Tener problemas para comunicarse con los demás; y

• Tiene condiciones concurrentes como depresión y ansiedad.

¿CUÁLES SON LAS CAUSAS DEL TDAH??

Aunque se desconoce la causa exacta del TDAH, se ha demostrado que es hereditario. Hay evidencia que sugiere que el TDAH se hereda. Es una condición biológica que afecta al cerebro.

Además, el estudio ha identificado muchas diferencias posibles entre las personas con TDAH y las que no padecen la enfermedad. Los niños con TDAH tienen niveles bajos de una sustancia química cerebral llamada dopamina, que también es un tipo de sustancia química cerebral llamada neurotransmisor. Utilizar escáneres PET para estudios de imágenes cerebrales (tomografía por emisión de positrones); Los niños con TDAH tienen un metabolismo cerebral más bajo en las áreas del cerebro que controlan la atención, el juicio social y el movimiento (una forma de imágenes cerebrales que permite ver el cerebro humano en funcionamiento).

Otros factores que se ha sugerido que desempeñan un papel en el TDAH incluyen:

• Nacer prematuramente (antes de la semana 37 de embarazo),

• Tener bajo peso al nacer,

• Abusar de alcohol o drogas durante el embarazo, o Tener una lesión cerebral.

• Estar expuesta a riesgos ambientales (como plomo) durante el embarazo o siendo joven.

Aunque es más común en personas con dificultades de aprendizaje, el TDAH puede afectar a personas de cualquier capacidad intelectual.

CAPÍTULO TRES

Otras condiciones que son similares al TDAH

Algunos tratamientos o afecciones médicas pueden causar los mismos signos y síntomas que el TDAH. Algunos ejemplos son:

• Trastornos de la salud mental, como depresión, ansiedad, problemas de conducta, problemas de aprendizaje y lenguaje, y otros trastornos psiquiátricos.

• Los trastornos del desarrollo, los trastornos convulsivos, los problemas de tiroides, los trastornos del sueño, las lesiones cerebrales y los niveles bajos de azúcar en la sangre (hipoglucemia) son ejemplos de afecciones médicas que pueden afectar el pensamiento o el comportamiento.

• Adicción al alcohol u otra sustancia, así como a ciertos medicamentos y drogas.

TDAH y trastorno bipolar

El diagnóstico diferencial más desafiante para los especialistas es el trastorno bipolar y el TDAH. Dado que comparten varios síntomas, puede resultar difícil diferenciar estas dos afecciones, que incluyen:

cambios de humor, irritaciones y arrebatos, nerviosismo, locuacidad y afán. El TDAH se describe esencialmente como agitación física, negligencia y distracción, que también son síntomas del trastorno bipolar, que provocan cambios más extremos en el estado de ánimo, la energía, el razonamiento y el comportamiento.

Mientras que el TDAH influye en la atención, la conciencia y la conducta, el trastorno bipolar es fundamentalmente un trastorno del temperamento.

Contrastes entre el TDAH y el trastorno bipolar: Hay varios contrastes discretos que pueden pasar desapercibidos para todos. El trastorno bipolar aparece regularmente al final de la pubertad o al comienzo de la edad adulta, aunque algunos casos pueden examinarse antes. El TDAH suele aparecer primero en los jóvenes.

Si bien los síntomas del trastorno bipolar suelen ser concisos, los del TDAH son consistentes. Es posible que los síntomas del trastorno bipolar no aparezcan entre episodios de manía o depresión.

La evolución de una acción a la siguiente, por ejemplo, puede resultar difícil para los jóvenes con TDAH. La disciplina y la lucha con las figuras de autoridad normalmente influyen en los niños con trastorno bipolar.

Después de un período sugestivo, la depresión, el mal humor y el deterioro o pérdida de la memoria son normales en personas con trastorno bipolar y, sorprendentemente, en personas con TDAH. Sea como fuere, los síntomas de atención, conciencia y concentración eclipsan estos efectos secundarios.

Ánimo

Una persona con TDAH puede experimentar episodios emocionales inesperados que pueden pasar rápidamente, frecuentemente en 20 a 30 minutos. El trastorno bipolar provoca cambios de temperamento que duran más.

Un episodio de depresión importante debe durar catorce días para determinar que se trata de un trastorno bipolar, mientras que un episodio maníaco debe durar no menos de una semana y presentar síntomas esencialmente constantes. Suponiendo que los síntomas se vuelvan tan extremos que se requiera hospitalización, el lapso podría ser más limitado.

Los hiperepisodios menos graves, o episodios hipomaníacos, normalmente duran un par de días.

Durante los hiperepisodios, las personas con trastorno bipolar parecen mostrar signos de TDAH como ansiedad, dificultad para dormir e hiperactividad.

Durante los episodios depresivos, también pueden aparecer síntomas como el trastorno por déficit de atención con hiperactividad (TDAH). Sea como fuere, las personas con trastorno bipolar pueden experimentar dificultades para dormir o dormir de forma irrazonable.

La hiperactividad y la perturbación pueden causar problemas de sueño comparables en personas con TDAH; sin embargo, son más comunes en personas con trastorno bipolar.

Los niños con TDAH normalmente se despiertan rápidamente y se vuelven activos de inmediato. Aunque pueden tener problemas para conciliar el sueño, normalmente permanecen dormidos durante toda la noche sin asustarse.

Conducta y comportamiento

Por lo general, la mala conducta en niños con TDAH y trastorno bipolar es involuntaria. El descuido, pero también un episodio maníaco, puede llevar a ignorar a las figuras de autoridad, chocar contra cosas y provocar accidentes.

Es posible que los niños con trastorno bipolar actúen precipitadamente. Podrían participar en proyectos que no están en condiciones de terminar a su edad y nivel formativo, haciendo gala de razonamientos pomposos. La diferenciación entre TDAH y trastorno bipolar debe realizarla con precisión un especialista en salud mental.

Suponiendo que se determina que usted o su hijo padecen trastorno bipolar, el tratamiento esencial suele incluir lo siguiente:

• Recetas de psicoestimulantes y antidepresivos.

• Terapia personal, de asociación o de grupo.

• Educación personalizada y asistencia o apoyo.

Es normal que se incorporen o cambien con frecuencia recetas para que sigan marcando una diferencia positiva.

AUTISMO

Los niños con trastorno de rango autista pueden tener dificultades con las cooperaciones o interacciones sociales y, a menudo, se presentan separados de sus elementos ambientales. Los niños autistas a veces pueden estar activos de una manera similar a la hiperactividad y los problemas de desarrollo social de los niños con TDAH.

La inmadurez emocional y subjetiva es otra conducta que puede estar relacionada con el TDAH.

Las habilidades interactivas y la capacidad de aprender pueden verse restringidas en niños con ambas circunstancias (autismo y TDAH), lo que puede causar problemas en la escuela y en el hogar.

Niveles bajos de glucosa/nivel bajo de azúcar en sangre

Los niveles bajos de glucosa, también llamados hipoglucemia, también pueden ser síntomas de TDAH.

Las personas con hipoglucemia pueden experimentar: agresión o invasión típica, hiperactividad, incapacidad para permanecer quietos y falta de atención.

Trastorno del procesamiento receptivo

También conocido como trastorno del procesamiento sensorial (SPD), puede causar efectos secundarios similares a los del trastorno por déficit de atención con hiperactividad (TDAH). SPD se caracteriza por la sensibilidad. Las personas con SPD, por ejemplo, pueden ser sensibles a un tejido en particular. Esto podría deberse al efecto del SPD sobre el tacto, el movimiento, la posición del cuerpo, el gusto y el olfato. Es posible que se muevan mucho, sean propensos a sufrir accidentes o tengan problemas para prestar atención, especialmente si se sienten abrumados.

dificultad para dormir

Las personas con TDAH pueden experimentar dificultades para relajarse y conciliar el sueño. Sin embargo, es posible que las personas con dificultades para dormir no tengan TDAH, aunque den indicios de ello durante el día.

La falta de sueño genera problemas de concentración, de relacionarse, de difundir y de seguir recomendaciones. Además, disminuye la memoria transitoria.

Complicación auditiva

Podría resultar complicado diagnosticar problemas de audición en niños pequeños que no pueden articular completamente sus pensamientos. Como no pueden oír como se esperaba, los niños con problemas de audición experimentan dificultades para concentrarse.

La incapacidad del niño para seguir conversaciones puede parecer causada por su falta de concentración.

Los niños casi sordos también pueden experimentar dificultades para conectarse con los demás y difundir de forma inadecuada.

CAPÍTULO CUATRO

Trece mitos sobre el TDAH

Una de las interpretaciones erróneas más reconocidas sobre el TDAH es que se trata de una etiqueta mental para una variedad característica de formas de comportamiento. Ésta es quizás la noción más dañina sobre el TDAH. El TDAH se juzga mal con la mayor frecuencia posible. Independientemente de lo que diga la escritura mental, ciertas personas aceptan que el TDAH no es un problema genuino bajo ningún concepto. Otros aceptan que el TDAH sólo influye en los hombres jóvenes o ocurre sólo en la juventud. Estas fantasías pueden tener un impacto perjudicial, ya que pueden impedir que los adultos con TDAH sean analizados y tratados.

Varios conceptos erróneos generalizados sobre el TDAH incluyen:

Mito 1: Mi TDAH solo se puede resolver con medicamentos.

Realidad: Aunque los medicamentos pueden ayudar a algunas personas a controlar los síntomas del TDAH, no son una cura ni la única opción. Si alguna vez se usa, debe usarse junto con otros tratamientos o métodos de autoayuda.

Mito 2: Soy vago o irreflexivo porque tengo TDAH y no puedo evitarlo.

Realidad: Puede que a ti y a otras personas te hayan etiquetado así por los efectos del TDAH, pero lo cierto es que no te falta motivación ni inteligencia; más bien, tiene un trastorno que le impide realizar ciertas actividades normales. Los adultos con TDAH frecuentemente tienen que compensar ingeniosamente su condición. Encuentran una manera inteligente de compensar su condición. Acusar a alguien con TDAH de ser vago es perjudicial y puede provocar sentimientos de vergüenza y renuencia a buscar tratamiento.

Mito 3: Todos mis problemas de TDAH pueden ser resueltos por un profesional médico.

Realidad: Aunque los profesionales médicos pueden ayudarle a controlar los síntomas del TDAH, sus esfuerzos son limitados. Como usted es quien se ocupa de los problemas, tiene la mayor influencia sobre su resolución.

Mito 4: Siempre sufriré los síntomas del TDAH porque es una cadena perpetua.

Realidad: Aunque no existe tratamiento para el TDAH, hay muchas cosas que puede hacer para disminuir la cantidad de problemas que causa. Es posible que controlar sus síntomas se convierta en algo natural para usted una vez que se acostumbre a utilizar métodos de autoayuda.

Algunas personas también creen que existe una ventana de oportunidad para tratar el TDAH en la infancia y, si se pierde esta ventana, la persona con TDAH seguirá sufriendo hasta la edad adulta. Esta creencia supone que el TDAH en adultos no puede tratarse. Aunque el TDAH debe diagnosticarse tempranamente, puede tratarse en adultos.

Mito 5: El TDAH es simplemente una condición que afecta a los niños

Realidad: Algunas personas creen que el TDAH no existe fuera de la niñez porque con frecuencia se diagnostica y trata en la niñez. La noción de que las personas superan el TDAH con el tiempo es otro aspecto de esta idea errónea; que los adultos no la padezcan.

Los adultos con TDAH están injustamente perjudicados por la idea errónea de que el TDAH sólo afecta a los niños. El TDAH es un trastorno psiquiátrico reconocido por los profesionales y que puede afectar tanto a niños como a adultos.

Mito 6: El TDAH sólo afecta a los niños.

Realidad: Aunque hombres y mujeres exhiben distintas manifestaciones de TDAH, las niñas y las mujeres son diagnosticadas con mayor frecuencia con TDAH por falta de atención, la afección está presente en ambos sexos.

Los niños son más propensos a presentar los síntomas menos obvios del TDAH hiperactivo, de ahí probablemente se originó este mito.

El TDAH en las niñas frecuentemente persiste y evoluciona hacia el TDAH en la edad adulta en las mujeres debido a su infradiagnóstico.

Mito 7: El TDAH es causado por malos padres

Realidad: La creencia infundada de que los niños con TDAH se beneficiarían de una mayor atención, como lo haría cualquier niño, es la base del mito de que la mala crianza es la culpable del TDAH. Además, esta idea errónea afirma que el TDAH de un niño se debe a una falta de disciplina.

El TDAH, conocido como un trastorno mental que se puede diagnosticar, afecta al cerebro. La mala crianza no contribuye a la aparición del TDAH, aunque sí influye en el desarrollo de cualquier niño.

Mito 8: Todas las personas con TDAH son hiperactivas.

Realidad: Aunque afirmar que todos los adultos con TDAH son hiperactivos pasa por alto a una parte importante de la población con TDAH, la hiperactividad es un síntoma distintivo tanto del TDAH hiperactivo como del TDAH combinado. La mayoría de los adultos con TDAH en adultos presentan una amplia gama de síntomas, incluida la hiperactividad. Además, la hiperactividad es más común en niños y más común en hombres que en mujeres.

Las personas que no tienen hiperactividad como parte de su TDAH en adultos tienen menos probabilidades de verse afectadas.

Mito 9: Todo el mundo tiene TDAH

Realidad: Aunque muchas personas presentan algunos de los síntomas del TDAH de vez en cuando, pocas padecen esta afección. Aunque todo el mundo experimenta ocasionalmente olvidos, el TDAH en adultos es muy diferente a eso.

Mito 10: El TDAH en adultos no es un problema grave.

Realidad: La idea errónea de que todas las personas tienen algún tipo de TDAH va de la mano con este mito. El TDAH en adultos puede tener un impacto significativo en la vida de una persona. Problemas en las relaciones, mal desempeño en el trabajo y comportamiento imprudente o incluso peligroso son todos los resultados posibles.

En algunos estudios se ha demostrado que el TDAH no tratado acorta la esperanza de vida hasta en 13 años. Es preferible obtener un diagnóstico y tratamiento médico lo antes posible si usted o un ser querido sospecha que tiene TDAH.

Mito 11: Está bien repartir medicamentos para el TDAH

Realidad: Incluso si se recetan los mismos medicamentos para el TDAH a varias personas, esto no significa que sea aceptable compartirlos. Existen numerosos argumentos en contra de compartir medicamentos. Desde el diagnóstico hasta el tratamiento, los médicos examinan a cada paciente individualmente. El individuo y su TDAH adulto son el foco de cada plan de medicación.

Es peligroso compartir medicamentos y diagnósticos con la gente. Además, tomar la medicación de otra persona puede resultar riesgoso. Los medicamentos para el TDAH nunca deben compartirse por razones de seguridad.

Mito 12: El TDAH es una discapacidad de aprendizaje

Realidad: El TDAH no es una discapacidad del aprendizaje sino más bien un trastorno del desarrollo neurológico. Debido a que el TDAH puede dificultar el aprendizaje en el entorno escolar o universitario típico, este es un error común. A los estudiantes con TDAH que están en la escuela primaria se les puede regañar por estar inquietos, soñar despiertos o hablar fuera de turno. Los estudiantes con TDAH que están en la universidad pueden tener problemas para terminar las tareas que les resultan tediosas o para mantenerse lo suficientemente organizados como para mantenerse al día con sus estudios.

Mito 13: El azúcar es la verdadera causa del TDAH

Realidad: El TDAH no es causado por alimentos altamente procesados o azúcar. Sin embargo, los síntomas del TDAH se ven afectados. Según un estudio, los niños con TDAH consumían más azúcar que los niños sin TDAH.

Aunque no está claro cómo el azúcar afecta el TDAH, varios factores sugieren limitar el consumo de azúcar en general.

Incluso si no tenemos TDAH, comer demasiada azúcar hace que nuestro cerebro colapse. Los niveles altos de azúcar y los ciclos de choque son malos para controlar los síntomas, especialmente en personas con TDAH.

CAPÍTULO CINCO

DIAGNÓSTICO DEL TDAH EN MUJERES

El proceso de determinar si un niño tiene TDAH consta de varios pasos. No se puede utilizar una sola prueba para diagnosticar el TDAH, ya que varias otras afecciones, incluidas la ansiedad, la depresión, los problemas del sueño y algunas dificultades de aprendizaje, pueden compartir síntomas similares con el TDAH. Un examen médico, que incluye pruebas de audición y visión, es un paso en el proceso para descartar otras afecciones que causan síntomas como el TDAH. Una lista de verificación para calificar los síntomas del TDAH y entrevistas con los padres, los maestros y, a veces, el propio niño suelen ser parte del proceso de diagnóstico del TDAH.

La mayoría de las mujeres con TDAH reciben un diagnóstico preciso entre los 30 y los 40 años. El diagnóstico tardío podría deberse a varios factores, según los expertos.

Debido a que no son obvios, los padres, maestros o pediatras pueden pasar por alto los síntomas y comportamientos del TDAH en las niñas. También es posible que los médicos confundan el TDAH con otros trastornos del estado de ánimo como la ansiedad o la depresión en niñas y mujeres jóvenes. Según algunas investigaciones recientes, las mujeres también pueden experimentar síntomas de TDAH más adelante en la vida.

Para un tipo determinado de TDAH, una persona debe presentar al menos seis de los nueve síntomas principales. Debe exhibir al menos seis signos de falta de atención e hiperactividad-impulsividad para que le diagnostiquen TDAH combinado. Durante al menos seis meses, los comportamientos deben estar presentes y alterar la vida cotidiana.

Una persona no sólo debe presentar el patrón de falta de atención, hiperactividad o ambas, sino también los síntomas antes de los 12 años. Además, deben estar presentes en múltiples entornos, como el hogar y la escuela.

Los síntomas también deben dificultar las actividades diarias. Además, ninguna otra enfermedad mental puede explicar estos síntomas.

Se puede identificar un tipo de TDAH en el diagnóstico inicial. Sin embargo, los síntomas pueden desarrollarse con el tiempo. Los adultos necesitan saber esto porque es posible que deban ser reevaluados.

El diagnóstico consiste en:

• Recopilación de información, como hacerle preguntas sobre cualquier problema médico actual, historial médico personal y familiar y el historial de sus síntomas.

• Escalas de calificación del TDAH o pruebas psicológicas para recopilar y evaluar información sobre sus síntomas.

• Examen físico para ayudar a descartar otras posibles

causas de sus síntomas.

CAPÍTULO SEIS

MANEJO DE ADULTOS CON TDAH

El trastorno por déficit de atención con hiperactividad (TDAH) afecta tanto a adultos como a niños; El TDAH afecta aproximadamente al 4% de los adultos en Estados Unidos. Es posible que los adultos con TDAH hayan tenido la afección cuando eran niños y no hayan sido diagnosticados, o que sus síntomas hayan empeorado con el tiempo.

Los adultos con TDAH pueden presentar síntomas que son menos obvios que los de los niños. Los adultos con TDAH pueden presentar inquietud, impulsividad y dificultad para prestar atención como síntomas principales. Los adultos con TDAH pueden tener problemas para concentrarse, recordar instrucciones e información, ordenar las tareas por importancia y terminar el trabajo a tiempo.

Estos síntomas pueden manifestarse de diversas formas, como procrastinación persistente, mala gestión del tiempo, cambios de humor y baja autoestima. También pueden causar problemas en el trabajo, la escuela y las relaciones.

Manejo del TDAH

Afortunadamente, existen muchas opciones para controlar el TDAH, como medicamentos, terapia y enfoques conductuales.

Medicamento

El TDAH se puede controlar en gran medida con el uso de medicamentos. Durante su fase activa, el medicamento aborda los síntomas fundamentales del TDAH en adultos. Hay muchos medicamentos diferentes para el TDAH, por lo que encontrar el que funcione mejor para usted puede requerir algo de prueba y error. Los medicamentos para el TDAH pueden ser bastante costosos. Afortunadamente, numerosas empresas ofrecen programas de ahorro para pacientes en medicamentos de marca. Los pacientes pueden ahorrar dinero en recetas gracias a estos programas. Recibirá un código para compartir con su farmacéutico cuando se inscriba en estos programas.

Puede encontrar programas de ahorro para pacientes para sus medicamentos en Internet para obtener más información. También puede consultar sobre medicamentos genéricos, que son significativamente menos costosos, o preguntarle a su proveedor de atención médica si tiene alguna tarjeta del programa de ahorro para pacientes.

Asesoramiento y Psicoterapia

Cuando los medicamentos ayudan a controlar los síntomas primarios del TDAH, el asesoramiento y la psicoterapia, como la terapia cognitivo-conductual (TCC), ayudan a abordar las dificultades de la vida cotidiana.

El asesoramiento a menudo proporciona estrategias y habilidades para la gestión, organización y planificación del tiempo. Si es un adulto con TDAH, trabajar con un profesional de salud mental puede ayudarlo a desarrollar estrategias individuales para controlar sus síntomas.

Las terapias para el TDAH abordan una amplia gama de problemas. Algunos beneficios de la Psicoterapia para adultos con TDAH:

• Desarrollar el uso de su tiempo y habilidades jerárquicas de manera productiva

• Descubra cómo frenar su impulsividad.

• Fomentar mejores habilidades de pensamiento crítico

• Adaptarse a las decepciones intelectuales, laborales o sociales del pasado.

• Trabaja en tu confianza

• Aprenda formas de desarrollar aún más las asociaciones con su familia, colegas y compañeros.

• Fomentar metodologías para mantener la calma.

Los tratamientos para el TDAH abordan una amplia gama de cuestiones, como la confianza, las conexiones relacionales y familiares, el bienestar, la propensión, los sentimientos de ansiedad y el control. Algunos tratamientos que podrían resultar útiles son:

A. TERAPIA COGNITIVO CONDUCTUAL (TCC): Se centra en distinguir y cambiar consideraciones y formas de comportamiento peligrosas o desadaptativas (negativas). Puede abordar la autorregulación profunda de las emociones, el control de los impulsos y el manejo del estrés. Con frecuencia se puede ajustar para tratar circunstancias coincidentes con el TDAH. Los programas de TCC desarrollados específicamente para adultos con TDAH están disponibles.

B. Psicoterapia Neurocognitiva: La psicoterapia basada en la neurocognición combina partes de la TCC y la restauración mental para ayudar a crear habilidades de gestión de la vida para trabajar las capacidades mentales, aprender procedimientos compensatorios y reconstruir el clima.

C. Terapia dialéctica conductual (DBT): La terapia conductual dialéctica utiliza procedimientos como el reconocimiento revolucionario, la atención y la guía emocional para ayudar a las personas con la comprensión y despegarse de los procesos de pensamiento y respuestas del TDAH.

Métodos conductuales para controlar el TDAH en adultos

Tener TDAH puede dificultar mantenerse al día con el trabajo y las relaciones, controlar el desorden e incluso pagar las facturas. Existen numerosas estrategias que puede emplear para sentirse en control de su vida, además de hablar sobre el manejo del TDAH con su proveedor de atención médica.

Deberá esforzarse un poco en estas estrategias y será fundamental que elija las que funcionen mejor para su vida. Para que estas estrategias sean más efectivas, deberá comprometerse a convertirlas en un hábito, pero valdrá la pena para mejorar su calidad de vida.

A. Organizándose

Para las personas con TDAH, mantener el orden en casa y en el trabajo puede ser un desafío importante. En el manejo del TDAH, puede resultar extremadamente útil diseñar una estrategia organizacional a largo plazo que sea realista de implementar y cumplir.

Las cosas son más fáciles de encontrar, las relaciones son menos tensas y la productividad aumenta en los espacios organizados. Para una mejor organización, aquí hay algunas sugerencias:

• **Ordenar:** Este es el primer paso. Debido a que tendrá una idea más clara de lo que se puede desechar y lo que se debe organizar, reducir el desorden facilitará la organización.

• **Trabaje primero en el área más simple:** Divida la enorme tarea de organizar en partes manejables comenzando con la habitación o espacio más fácil.

Antes de comenzar, reúna suministros. Asegúrese de tener todo lo que cree que necesitará antes de comenzar a organizar.

• **Asignar zonas:** Encontrar y guardar cosas se hace mucho más sencillo agrupando elementos similares entre sí o que estén relacionados con la actividad.

Mantenga una "pista de aterrizaje". Ayuda a reducir la cantidad de tiempo dedicado a buscar cosas como llaves, mochilas y billeteras eligiendo un lugar para guardar las necesidades diarias junto a la puerta.

B. Gestión del tiempo

Manejar el TDAH requiere dominar el arte de la gestión del tiempo. Existe una variedad de métodos para aprender a administrar su tiempo y usted debe investigar cuál es el más efectivo para usted.

• **Utilice un planificador:** Podría ser una agenda que utilice lápiz y papel, una aplicación o un cuaderno. Debería ser posible llevarlo contigo a donde quiera que vayas. Coloque todos sus compromisos, como reuniones y citas, en su agenda y asegúrese de revisarlos todos los días.

Sobreestima cuánto tiempo necesitarás para completar una tarea. Al estimar cuánto tiempo le llevará completar una tarea, agregue al menos 10 minutos.

• **Compre un reloj:**¡Consigue un reloj de pulsera y compruébalo! Puedes seguir mejor el paso del tiempo usando un reloj y prestando atención al reloj. Las distracciones se pueden reducir revisando su reloj en lugar de su teléfono.

• **Establezca una rutina:** Podrás mantenerte concentrado, puntual y organizado si estableces una rutina. Al crear rutinas, utilizar listas de verificación también puede resultar beneficioso.

C. Gestión de la Responsabilidad

La organización para la gestión de tareas implica algo más que su espacio físico. Las personas con TDAH pueden tener problemas para organizar sus horarios laborales y escolares. Puede organizar su trabajo, establecer prioridades y mantenerse al día con estos métodos.

• **Mantenga una lista:** Haga una lista de todas las cosas que necesita hacer cada día después de consultar su agenda. Después de revisar toda la lista, ordene las tareas por orden de importancia. Al hacer una lista de prioridades, tenga en cuenta qué tareas se pueden completar más tarde, cuáles son urgentes y cuáles son las más importantes. Puede volver a consultar las listas anteriores para asegurarse de no olvidar nada si mantiene todas estas listas en una sola libreta o aplicación.

• **Desglosar los grandes proyectos:** Convertir proyectos grandes en otros más pequeños los hace más fáciles de administrar y facilita su inicio.

• **Trabaje pequeños pasos a la vez:** El inicio es sólo la mitad de la batalla. Para superar el "problema" de empezar, comprométete a trabajar en algo durante 15 minutos si lo estás evitando. Después de 15 minutos, si cree que necesita un descanso, configure un cronómetro para 5 minutos y diga que comenzará de nuevo de inmediato.

• **Evite la multitarea:** Su productividad general aumentará si se concentra en una sola cosa a la vez. Terminarás una tarea el 100% del tiempo si te concentras en ella a la vez en lugar de ocho tareas el 50% del tiempo.

D. Gestión de las finanzas

Los adultos con TDAH pueden tener dificultades con la administración del dinero debido a la procrastinación, la falta de organización y la impulsividad. Es esencial mantener el enfoque asumiendo un papel activo.

• **Crear recordatorios:** Configure recordatorios en su calendario para recordarle cuándo vencen los pagos y las facturas.

• **Utilice Banca Electrónica:** Puede acceder a sus cuentas de inmediato, las 24 horas del día, los siete días de la semana, eliminar el desorden de papeles y pagar sus facturas con un solo clic. Puede ver un desglose de cuándo, dónde y cómo gasta dinero a lo largo del tiempo con las herramientas de presupuesto en las aplicaciones de banca en línea.

E. Conducir

Si bien conducir distraído es un problema grave para todos, los adultos con TDAH pueden ser particularmente vulnerables. Sea consciente de los efectos de las distracciones y la falta de atención mientras conduce. Es fundamental eliminar todas las posibles distracciones, en particular los teléfonos móviles. En muchos estados, enviar mensajes de texto y conducir es ilegal y extremadamente peligroso, así que apaga todas las notificaciones antes de salir.

Su capacidad para controlar sus síntomas puede mejorar incorporando asesoramiento, control de medicamentos y organización de la vida a su rutina diaria. Ser sincero; Esto no cambiará de la noche a la mañana, pero hacer un esfuerzo todos los días le ayudará a formar rutinas y mecanismos de afrontamiento. El TDAH en adultos es un trastorno que dura toda la vida, pero no tiene por qué arruinar su calidad de vida.

CAPÍTULO SIETE

Técnicas de supervivencia del TDAH

La mayoría de las personas desconocen el cableado del cerebro con TDAH. Padres, profesores y cónyuges, con buenas intenciones, sugieren métodos de organización o concentración que les han resultado eficaces, pero cuando no vemos los mismos resultados, se sorprenden o incluso se enfurecen. Podrían gritarnos o decirnos que lo intentemos de nuevo, sugiriendo que nuestro fracaso se debe a un defecto fundamental y diciendo: "¡Eres un vago!". o "No lo estabas intentando". Sin embargo, en realidad, nos estamos preparando para el fracaso porque los métodos neurotípicos simplemente no funcionan para los cerebros con TDAH.

Los hábitos que se han ido formando con el tiempo son difíciles de romper. Pero una vez que decida dejar de usar los viejos métodos neurotípicos que nunca funcionaron, podrá comenzar un plan de tratamiento que sea solo para usted. A continuación te presentamos algunas estrategias que te ayudarán a lograrlo:

• **Encuentra tu animadora:** Tener un animador que crea firmemente en tu bondad, inteligencia y amor es esencial para el éxito y la felicidad. Los adultos con TDAH más exitosos tenían padres, maestros, hermanos o incluso entrenadores deportivos que los amaban, apoyaban y valoraban cuando eran jóvenes. La principal responsabilidad de una animadora es diferenciar entre el valor y los logros del niño.

• **Comprenda su TDAH:** La terapia para el TDAH debe comenzar con la comprensión de las capacidades y limitaciones de una persona, así como con una evaluación realista de esas capacidades. Los niños con TDAH no deben ser responsabilizados por cosas que no pueden hacer ahora, incluso si pueden hacerlo en el futuro. La responsabilidad y la rendición de cuentas son atributos beneficiosos, pero sólo si resultan en éxito. Cada miembro de la familia debe ser parte del equipo de tratamiento para que pueda aprender todo lo que hay que saber sobre el TDAH y cómo ayudar.

• **Haga que todo sea justo:** Tomar el medicamento adecuado para el TDAH en la dosis adecuada puede mejorar la capacidad del paciente para concentrarse, controlar la impulsividad y mover el cuerpo. Pruebe nuevamente el asesoramiento o entrenamiento para el TDAH con medicamentos si lo intentó sin medicamentos y no obtuvo los resultados que deseaba. La mayoría de las personas que toman medicamentos para el TDAH sienten que están compitiendo en igualdad de condiciones, frecuentemente por primera vez en sus vidas.

• **Complete su tarea con ACT:** Para las personas con TDAH, cumplir una fecha límite o hacer algo que su jefe considera importante no es motivación suficiente. La Terapia de Aceptación y Compromiso, o ACT, ayuda a las personas con TDAH a mantenerse concentradas y motivadas cuando las recompensas no lo hacen. Los pacientes participan en ACT preguntándose: "¿Estoy haciendo algo que me importa?" y reflexionar sobre las cosas que son más importantes para ellos, como su fe en Dios, su familia, batir récords o hacerse famosos.

• **Escriba sus éxitos:** Lleve consigo un bolígrafo y una libreta pequeña y haga una lista de las soluciones que funcionan para usted una vez que esté tomando el medicamento correcto en la dosis correcta. Considere esos momentos en los que está comprometido, productivo y lleno de energía, también conocidos como la "zona". ¿Cuándo fue exactamente? ¿Qué te trajo de vuelta a la zona y qué te sacó de ella? Cuando procrastinas, tendrás aproximadamente 20 estrategias que sabes que funcionarán para ti después de un mes.

• **Despierte el interés cuando lo necesite:** Las personas con TDAH deben cultivar el interés donde naturalmente no existe ninguno para utilizar plenamente sus habilidades. Ejemplo: un suplente clínico de TDAH reprobó anatomía macroscópica. Su mentor sobre TDAH lo había engañado haciéndole creer que era el especialista del centro de traumatología que trataba al presidente Kennedy después de que le dispararan, la leyenda estudiantil y la inspiración para ir a la escuela clínica. Para poder salvar la vida de Kennedy, tenía que saber anatomía.

- **Cambiar el estilo:** Una persona con TDAH puede experimentar problemas para demostrar lo que la persona en cuestión sabe debido a la aparente seriedad con la que el suplente comprendió la anatomía y se graduó en segundo lugar de su clase. De esta manera, deberá buscar métodos novedosos para exhibir su habilidad. Ejemplo: en una clase de inglés, un joven con TDAH experimentó dificultades para redactar tareas. Los libros que se esperaba que leyera lo aburrían. Conversó con su educadora y la persuadió para que le permitiera componer sátiras de los libros en lugar de informes sobre libros. Terminó las tareas rápidamente y obtuvo el primer lugar en su clase de inglés.

• **Tomar el control:** Los adultos y niños con TDAH quieren que otras personas hagan las cosas interesantes, pero debemos hacerlo nosotros mismos. Ejemplo: determina cuál de tus cinco clases de inglés tiene un instructor brillante y atractivo. Participar en clases y solicitar comentarios de los estudiantes. Elige el curso que más te interese. Si es padre, incluya una adaptación en el Programa de Educación Individualizada (IEP) de su hijo que le permita registrarse antes que sus compañeros de clase para garantizar que sea aceptado en la clase.

• **Establezca competencias para evitar que la gente se aburra:** Las personas con TDAH pueden aprender rápidamente nuevos trabajos y actividades, pero rápidamente pierden el interés. La competencia y los desafíos pueden ser beneficiosos. Muchas personas con TDAH están interesadas en intentar superar su mejor marca personal o imaginar la tarea como un videojuego con niveles cada vez más difíciles.

- **Localice un obstáculo para mantenerse concentrado:** La duplicación del cuerpo es un método que utilizan los tutores, pero también puede ayudar a las personas con TDAH en el trabajo. Encuentre un empujón para mantenerse concentrado Ejemplo: un abogado con TDAH estaba agotado por cumplir constantemente con los plazos hasta el punto de no regresar. Le pidió a su compañero de trabajo que le trajera cada caso individualmente después de limpiar su espacio de trabajo de distracciones. Ella lo revisó después de que hablaron sobre lo que planeaba hacer. Ella sacó el primer disco en un momento predeterminado y lo llevó a la siguiente tarea.

- **Organice las cartas a su favor:** A menos que un socio de confianza se involucre y permanezca involucrado, es probable que el tratamiento del TDAH fracase. Al menos durante el primer año, el paciente no será la principal fuente de motivación para el tratamiento ni la capacidad de ver sus beneficios.

CAPÍTULO OCHO

Estrategias de autoayuda para adultos con TDAH

1. Ser organizado

Organizarse y controlar el desorden son dos de los principales desafíos para los adultos con TDAH debido a su falta de atención y distracción. Organizarse, ya sea en el trabajo o en casa, puede hacer que se sienta abrumado si tiene TDAH en adultos.

Sin embargo, puedes aprender a organizar las tareas de forma sistemática y dividirlas en pasos más pequeños. Puedes mantener las cosas organizadas y mantener el desorden bajo control siguiendo una variedad de rutinas y estructuras y utilizando herramientas como agendas y recordatorios diarios.

A. Categorizar lo esencial

Organizar una habitación, casa u oficina requiere que categorices tus pertenencias y determines cuáles son esenciales y cuáles pueden almacenarse o desecharse.

Adquiera el hábito de hacer listas y tomar notas para mantenerse organizado. Con rutinas diarias, puedes mantener tu estructura recién organizada en su lugar.

• **Haga algo de espacio:** Encuentra contenedores o armarios para las cosas que no usas todos los días preguntándote qué es lo que más necesitas. Cree compartimentos distintos para billetes, llaves y otros artículos que sean fáciles de extraviar. No conserves nada que no necesites.

• **Utilice una agenda o una aplicación para un calendario:** Usar un calendario o agenda de un teléfono inteligente o una computadora puede ayudarlo a recordar citas y fechas límite. También puedes configurar recordatorios automáticos con calendarios electrónicos para asegurarte de no olvidarte de los eventos programados.

•**Emplear listas de verificación:** Para realizar un seguimiento de las tareas, proyectos, plazos y citas programados periódicamente, utilice listas y notas.

Mantenga todas sus listas y notas en una agenda diaria si decide utilizar una. También tienes muchas opciones para usarlo en tu computadora o teléfono inteligente. Busque aplicaciones o administradores de tareas llamados "tareas pendientes".

• **Manéjelo de inmediato:** Al archivar documentos, ordenar los desordenes o devolver las llamadas telefónicas de inmediato, en lugar de más tarde, puede evitar los olvidos, el desorden y la procrastinación. Haga la tarea de inmediato en lugar de posponerla para más tarde si puede completarse en menos de dos minutos.

B.Control Su rastro documental del TDAH

Si tiene TDAH, es posible que tenga muchos problemas para mantenerse organizado debido a su papeleo, que puede estar esparcido por toda su cocina, escritorio u oficina. Configure un sistema de trámites que funcione para usted por la tarde.

• **Establecer un sistema de archivos:** Para diversos tipos de documentos (como recibos, declaraciones de ingresos y registros médicos), utilice divisores o carpetas de archivos separadas. Etiquete y codifique con colores sus archivos para que pueda localizar rápidamente lo que necesita.

• **Maneje su correo todos los días:** Cada día, tómate unos minutos para ocuparte del correo, preferiblemente tan pronto como lo entregues. Es útil tener una ubicación designada donde puedas clasificar el correo y tirarlo a la basura, archivarlo o actuar en consecuencia.

•**Elimina el uso de papel tanto como puedas:** Reduce la cantidad de papel que debes gestionar. En lugar de declaraciones y proyectos de ley en papel, exija presentaciones electrónicas. Al optar por no participar en el Servicio de preferencia de correo de la Direct Marketing Association (DMA), también puede reducir el correo basura.

2. Controla tu tiempo

Los pacientes con TDAH frecuentemente experimentan dificultades para administrar su tiempo. Con frecuencia, es posible que calcules mal cuánto tiempo necesitas para completar las tareas, no cumplas con los plazos, pospongas las cosas, subestimes el tiempo que necesitas para completarlas o hagas las cosas en el orden incorrecto. La hiperconcentración o la concentración excesiva en una tarea es un comportamiento común entre los adultos con TDAH. Estos desafíos pueden hacerte sentir inadecuado y frustrado, además de impacientar a otras personas, pero hay maneras de administrar mejor tu tiempo.

A. Consejos para gestionar el tiempo

Los adultos que padecen trastorno por déficit de atención suelen tener una perspectiva diferente sobre cómo pasa el tiempo.

Utilice el truco más antiguo del libro para entender bien el sentido del tiempo con los demás: un cronómetro.

Sea un observador del reloj. Para ayudarle a controlar la hora, utilice un reloj de pulsera o de pared o de escritorio que se pueda ver fácilmente. Haz un registro mental o verbal del tiempo que tienes para completar una tarea antes de comenzarla.

• **Utilizar temporizadores:** Utilice un temporizador o una alarma para recordarle cuándo ha llegado al final del tiempo asignado para cada tarea. Considere configurar una alarma para que suene regularmente durante tareas más largas para mantenerse productivo y consciente de cuánto tiempo ha pasado.

•**Sobreestime la cantidad de tiempo que necesita:** Los adultos con TDAH son bien conocidos por su escasa capacidad para calcular el tiempo. Tómese un margen de diez minutos por cada treinta minutos que prevé tomar para completar una tarea o llegar a alguna parte.

• **Prepárese con anticipación y establezca recordatorios:** Tome nota de las citas con quince minutos de antelación. Para evitar buscar frenéticamente sus llaves o su teléfono cuando llegue el momento de irse, configure recordatorios para asegurarse de salir a tiempo. Además, asegúrese de tener todo lo que necesita con anticipación.

B. Consejos para establecer prioridades

Los adultos con TDAH con frecuencia tienen dificultades para controlar sus impulsos y cambian de tema con frecuencia, lo que dificulta completar tareas y proyectos grandes que parecen abrumadores.

Para solucionar esto:

• **Elija la primera opción:** Debes preguntarte cuál es la tarea más importante y luego ordenar las demás tareas de mayor a menor.

• **Tome cada turno de paso:** Divida tareas o proyectos grandes en pasos manejables.

•**Manténgase enfocado:** Cumpla con su horario y, si es necesario, use un cronómetro para hacer cumplirlo y evitar perderse.

C. Aprenda a decir no.

Los adultos con TDAH que son impulsivos pueden aceptar demasiados proyectos laborales o actividades sociales. Sin embargo, una agenda apretada puede hacerte sentir cansado y agotado, lo que puede reducir la calidad de tu trabajo. Rechazar oportunidades le facilitará completar tareas, mantener citas sociales y llevar un estilo de vida más saludable. Antes de comenzar algo nuevo, consulte primero su agenda.

3. Administre sus finanzas y facturas

La administración del dinero puede resultar difícil para muchos adultos con TDAH porque requiere elaboración de presupuestos, planificación y organización. Debido a que requieren demasiado tiempo, papel y atención a los detalles, muchas estrategias comunes de gestión financiera no suelen funcionar para adultos con TDAH.

Sin embargo, puede controlar sus finanzas y dejar de gastar en exceso, facturas vencidas y multas por no cumplir con los plazos creando un sistema que sea simple y consistente.

A. Controle y supervise su presupuesto

El primer paso para controlar su presupuesto es evaluar honestamente su situación financiera. Empiece por realizar un seguimiento de cada pequeño gasto durante un mes. Podrás examinar eficazmente a dónde va tu dinero gracias a esto. Puede sorprenderle cuánto gasta en artículos innecesarios y compras impulsivas. Una vez que tenga esta instantánea de sus patrones de gastos, puede usarla para crear un presupuesto mensual basado en sus necesidades e ingresos.

Determine sus opciones para mantenerse dentro de su presupuesto. Puede, por ejemplo, idear una estrategia para comer en casa si gasta demasiado en restaurantes e incluye tiempo para hacer las compras y preparar las comidas.

B. Configure un sistema simple para administrar su dinero y pagar facturas

Configure un sistema simple y organizado que lo ayude a realizar un seguimiento de sus facturas y guardar recibos y documentos. La oportunidad de realizar operaciones bancarias en línea puede ser el regalo que se les sigue dando a los adultos con TDAH. Cuando el dinero se organiza en línea, hay menos papeleo, no hay escritura descuidada ni recibos perdidos.

- **Utilice la banca en línea en su lugar:** El proceso impredecible de equilibrar su presupuesto se puede eliminar registrándose en la banca en línea. Todos sus depósitos y pagos aparecerán en su cuenta en línea y su saldo diario se rastreará automáticamente hasta el último centavo. También puede iniciar sesión siempre que necesite pagar sus facturas irregulares y ocasionales y configurar pagos automáticos para sus facturas mensuales regulares. Lo más destacado: no se perdieron sobres ni se cobraron cargos por pagos atrasados.

- **Configurar recordatorios para el pago de facturas:** Los recordatorios electrónicos aún pueden facilitar los pagos de facturas si prefiere no configurar pagos automáticos. A través de la banca en línea, es posible que pueda programar recordatorios en su aplicación de calendario o enviarlos por mensaje de texto o correo electrónico.

• **Haga uso de la tecnología moderna:** Puede utilizar servicios gratuitos como Manilla y Mint para realizar un seguimiento de sus cuentas y finanzas. Aunque los servicios requieren algo de tiempo para configurarse, una vez que sus cuentas estén vinculadas, se actualizarán automáticamente. Las facturas y los extractos de todas sus cuentas se consolidan en Manilla. Mint ofrece elaboración de presupuestos y otras herramientas de análisis financiero, además de realizar un seguimiento de todas sus transacciones de cuentas bancarias y tarjetas de crédito. Su vida financiera puede hacerse más fácil con cualquiera de las herramientas.

• **Deje de comprar de improviso:** La impulsividad causada por el TDAH y las compras pueden ser muy peligrosas juntas. Podría costarle dinero y hacerle sentir mal y avergonzado. Con las siguientes estrategias cuidadosamente consideradas, se pueden evitar las compras impulsivas.

• Utilice sólo efectivo para comprar cosas; Deje sus tarjetas de crédito y talonario de cheques en casa.

• Bloquear todas las tarjetas de crédito excepto una. Haga una lista de lo que necesita antes de comprar y cúmplala.

• Cuando vaya de compras, lleve un total acumulado con una calculadora (consejo: tiene una en su teléfono).

• Evite los lugares donde probablemente gastará mucho dinero, deseche los catálogos tan pronto como lleguen y bloquee los correos electrónicos de los minoristas.

4. Mantener la concentración en el trabajo

El TDAH puede presentar desafíos únicos en el trabajo. Las tareas que pueden resultarle más desafiantes; La organización, completar tareas, permanecer quieto y escuchar en silencio son también las tareas que con frecuencia debes realizar a lo largo del día.

No es fácil controlar el TDAH mientras se trabaja en un trabajo desafiante. Sin embargo, puede maximizar sus fortalezas y al mismo tiempo minimizar los efectos negativos de sus síntomas de TDAH adaptando su lugar de trabajo.

A. Ser organizado

Organice su oficina, cubículo o escritorio paso a paso para organizarse en el trabajo. Luego emplee los siguientes métodos para mantener el orden y la limpieza:

• **Dedique tiempo cada día a sus arreglos:** Limpia tu escritorio y organiza tu papeleo cada 5 a 10 minutos. Intente guardar cosas dentro de su escritorio o en contenedores para ver cuál funciona mejor para mantenerlas fuera de su espacio de trabajo y de su camino.

• **Usar listas y colores:** Para las personas con TDAH, la codificación de colores puede resultar extremadamente beneficiosa. Lleve un registro de todo escribiéndolo.

•**Priorizar:** Priorizar responsabilidades más apremiantes. Incluso si los plazos son autoimpuestos, fíjelos para todo.

B. Deshacerse de las distracciones

Hágales saber a sus compañeros de trabajo que necesita concentrarse y pruebe los siguientes métodos para no distraerse:

• **El lugar donde trabaja importa:** Es posible que puedas trabajar en una oficina o sala de conferencias vacía si no tienes la tuya propia. Si está en una conferencia o sala de conferencias, intente sentarse al lado del orador y lejos de las personas que hablan durante la reunión.

• **Reducir las perturbaciones externas:** Mantenga un espacio de trabajo ordenado apuntando su escritorio en dirección a una pared. Incluso podría colocar un letrero de "No molestar" para evitar interrupciones. Si puede, configure su correo de voz para recibir sus llamadas y devolverlas más tarde. Considere la posibilidad de utilizar auriculares con cancelación de ruido o una máquina de sonido si el ruido le distrae fácilmente.

• **Mantenga los grandes conceptos para más tarde:** ¿Todas esas maravillosas ideas que te siguen viniendo a la mente? Déjelos en un papel para poder verlos más tarde.

C. Amplíe su capacidad de atención

Como adulto con TDAH, eres capaz de concentrarte; sin embargo, puede resultarle difícil mantener esa concentración, especialmente si la actividad no es muy interesante. Los adultos con TDAH pueden encontrar las reuniones y conferencias aburridas como particularmente desafiantes. De manera similar, las personas con TDAH pueden tener problemas para seguir múltiples instrucciones.

Mejore su concentración y capacidad para seguir instrucciones aplicando estas sugerencias:

• **Póngalo por escrito:** Solicite una copia anticipada de los materiales relevantes, como la agenda de una reunión o un esquema de la conferencia, si asiste a un taller, reunión, conferencia u otro evento que requiera que preste mucha atención. Utilice las notas escritas para dirigir su escucha activa y la toma de notas durante la reunión. Escribir mientras escuchas te ayudará a concentrarte en lo que dice el hablante.

• **Repita las instrucciones y recomendaciones:** Si alguien le da instrucciones verbalmente, repítalas en voz alta para asegurarse de haberlas entendido.

• **Caminar a zancadas:** Muévase en los momentos y lugares adecuados para evitar la agitación y la inquietud. Salir a caminar o incluso saltar durante un descanso de una reunión, por ejemplo, puede ayudarte a prestar atención más adelante, siempre y cuando no molestes ni molestes a nadie más.

5. Mejore su estado de ánimo y controle el estrés

Debido a su impulsividad y falta de organización, que a menudo se asocian con el TDAH, es posible que tenga problemas para dormir normalmente, consumir alimentos poco saludables o hacer suficiente ejercicio, todo lo cual puede hacer que se sienta estresado y fuera de control.

Hacerse cargo de sus hábitos de vida y desarrollar rutinas nuevas y saludables es la estrategia más eficaz para romper este ciclo.

Puede mantener la compostura, evitar cambios de humor y, en muchos casos, combatir los síntomas de ansiedad y depresión comiendo bien, durmiendo lo suficiente y haciendo ejercicio con regularidad.

Los hábitos regulares pueden hacer que su vida parezca más manejable y los hábitos más saludables también pueden reducir los síntomas del TDAH, como la falta de atención, la hiperactividad y la distracción. Las actividades regulares incluyen:

A. Actividad física

Probablemente sea el tratamiento más beneficioso y eficaz para la hiperactividad y la falta de atención relacionadas con el TDAH.

El ejercicio puede ayudarle a deshacerse del exceso de energía y agresión que pueden obstaculizar las relaciones y la sensación de estabilidad. También puede mejorar su estado de ánimo, calmar su mente y aliviar el estrés.

- **Entrenamiento diario:** Puedes dedicarte a algo divertido y vigoroso, como un deporte de equipo o hacer ejercicio con un amigo. Haga ejercicio al aire libre para aliviar el estrés porque las personas con TDAH a menudo se benefician del sol y la vegetación.

Intente hacer cosas que le ayuden a relajarse, como yoga, meditación o tai chi. Puede enseñarle a controlar mejor su atención y sus impulsos, así como a aliviar el estrés.

B. Duerma más

La falta de sueño puede empeorar los síntomas del TDAH en adultos, lo que dificulta lidiar con el estrés y mantenerse concentrado durante el día. Hacer pequeños ajustes en su rutina diurna puede ayudarle a dormir bien por la noche.

• Resista el consumo de cafeína por la noche.

• Haga ejercicio vigoroso y regular, pero no antes de acostarse.

• Establezca una rutina para la "hora de acostarse" que sea predecible y tranquila, como tomar una ducha o un baño caliente justo antes de acostarse.

• Mantenga un horario regular de sueño y vigilia, incluso los fines de semana.

C. Come bien

Comer puede reducir significativamente los niveles de estrés, la hiperactividad y la distracción. Consuma varias comidas pequeñas a lo largo del día, evite el azúcar tanto como sea posible, consuma menos carbohidratos y consuma más proteínas.

CAPÍTULO NUEVE

CONCLUSIÓN

El TDAH puede afectar el desempeño académico o profesional, así como las relaciones personales, si no se trata ni se diagnostica.

Ser adulto con TDAH no es fácil. Sin embargo, si recibe el tratamiento adecuado y realiza algunos cambios en su estilo de vida, puede disminuir significativamente sus síntomas y mejorar su vida.

Las estrategias para adultos con TDAH pueden ayudar a las personas a lidiar con los problemas que pueden causar la impulsividad, la hiperactividad y la falta de atención.

Configurar recordatorios en el calendario puede evitar los olvidos, organizar los espacios puede evitar la pérdida de elementos esenciales y eliminar las distracciones mientras se conduce puede promover la seguridad.

Los médicos utilizan los síntomas de una persona, su historial médico y, en algunos casos, los resultados de las pruebas psicológicas para hacer un diagnóstico de TDAH. A las personas que reciben un diagnóstico les puede resultar más fácil controlar sus síntomas con medicamentos u otras formas de tratamiento.